Ослепители

Translated to Russian from the English version
of
Dazzlers

Elanaaga

Ukiyoto Publishing

Все глобальные права на публикацию принадлежат

Ukiyoto Publishing

Опубликовано в 2023 году

Авторское право на контент © Elanaaga

ISBN 9789359205274

*Все права защищены.
Никакая часть этой публикации не может быть воспроизведена, передана или сохранена в поисковой системе в любой форме любыми средствами, электронными, механическими, фотокопировальными, записывающими или иными, без предварительного разрешения издателя.
Моральные права авторов были защищены.*

Это художественное произведение. Имена, персонажи, предприятия, места, события, локализации и инциденты являются либо плодом воображения автора, либо используются в вымышленной манере. Любое сходство с реальными людьми, живыми или умершими, или реальными событиями является чисто случайным.

Эта книга продается при условии, что она не будет предоставляться в виде обмена или иным образом, перепродаваться, сдавать внаем или иным образом распространяться без предварительного согласия издателя в любой форме переплета или обложки, отличной от той, в которой она опубликована.

www.ukiyoto.com

Моему близкому другу, доктору Д. Нараяне (Дубай).

Содержание

Живой труп	1
Осознание	2
Изменение	3
Мимолетная радость	4
Навязчивость	5
Чувствительное выражение лица	6
Количество - качество	7
Разочарование	8
Эффект	9
Проявление	10
Мисс Форчун	11
Абсурд	12
Позиция – Успех	13
Более серьезное испытание	14
Синдром "Как у всех"	15
Время учит	16
Боль – Удовольствие	17
Удачное поздравление	18
Присущий	19

Непостижимо	20
Правильное средство правовой защиты	21
Несовместимость	22
Наслаждение	23
Отклонение от нормы	24
Священные рыдания	25
Усилие – Эффект	26
Смягчающийся	27
Основной товар	28
Недовольство	29
Попытка – Результат	30
Защитное покрытие	31
Восприятие	32
Неравенство	33
Маскировка	34
Проклятие – Благо	35
Различие	36
Жилища - их роль	37
Различие	38
Удача в Сорок подмигиваний	40
Великий разрушитель	41

Различное различение	42
Счастье Гармонии	43
Сила Места	44
Опыт – Следствие	45
Преимущество Старости	46
Блеск – Принижение	47
Поверхностный блеск	48
Высокопреосвященство	49
Сырость Приводит к	50
Удивляться	50
Facebook – Настоящий крючок	51
Притворные меткие стрелки	52
Оценки	53
Шумиха – Последствия	54
Слова – Значение	55
Поэзия – Поэт	56
Преждевременное стихотворение	57
Скупец	58
Круг	59
Посягательство	60
Боль От Тяжести	61

Стог сена	62
Эпоха кандалов	63
Усталость	64
Внешнее очарование	65
Несоответствие	66
Новая истина	67
Дефект	68
Беда	69
Апатия – Последействие	70
Корни очарования	71
Внешний блеск	72
Об авторе	73

Живой труп

Несмотря на то, что у него были глаза
  Я не могу видеть красивых вещей
Хотя у меня есть уши
  Я не могу слушать сладкие ноты
У меня есть сердце
  Но в нем не рождается никаких чувств
Разве труп не лучше меня?

Осознание

Став богатым
Я вкусил всю эту роскошь
Но провести день с нищим
кто является образцом добродетели
Я понял, что я самый бедный

Изменение

Я бежал с мечом в руке
отрубить голову надменному человеку
Но тронутая его ласковой улыбкой
подарила ему цветы,
пал ниц к его ногам
и вернулся.

Мимолетная радость

Я был вне себя от радости
   когда я достиг поверхности земли
   из глубокого ущелья,
   но вскоре опечалился, осознав
   Я должен взобраться на гору.

Навязчивость

Отодвигая в сторону смысл
некоторые слова навязчиво бросаются в глаза
на передний план в поэзии;
Всегда такое знание
должно присутствовать в сознании поэта.

Чувствительное выражение лица

Он ликовал от того, что у него есть
самый светлый цвет лица
во всем классе.
Но когда к нам присоединился более
красивый мальчик,
его лицо "потемнело".

Количество - качество

Так возвещал поэт:
"Я написал груды книг".
Важно качество, а не количество,
он должен был понять.

Разочарование

Недостаток процветания - это камешек, отсутствие удовлетворения - это большая гора.
Удача творчества - это солнце;
содержание материала comforts,
всего лишь огонек свечи.

Эффект

Когда он был садовником,
жасмин расцвел в его дыхании.
Но когда он стал клерком в клубе
преобладал только запах валюты!

Проявление

Сидя в закрытой комнате,
Я раскрыл газету.
Внешний мир
Лежал распростертый передо мной.

Мисс Форчун

Убитый горем, он был,

потому что у него не было лестниц

Когда настало подходящее время, он

получил его.

Но не могу им воспользоваться

с тех пор как он прикован к постели

Абсурд

Когда тупая голова двигается
в совершенно новом автомобиле марки Benz
все головы поворачиваются к нему
Но ни одна голова не хочет взглянуть на
гора эрудиции
езда на шатком скутере
Это всего лишь обычный инцидент

Позиция – Успех

Мой враг взревел, как тигр,

вскочил, как лев.

Бесстрашным я был.

Но позже, когда он

Сохранял серьезное спокойствие

Я дрожал от страха

Более серьезное испытание

Я закончил сдавать свой экзамен

Теперь готовимся к еще большему испытанию

В чем дело?

Ждем результатов

Об экзамене!

Синдром "Как у всех"

Я сбит с толку
когда я вижу количество 'лайков' на Facebook
Нет ничего неприятного!
Разве это не неразрешимая загадка?

Время учит

Пока ответственность не пугала меня
Я не осознавал ценности детства
Пока я не заблудился в глухом лесу
Я не осознавал прелести заднего двора

Только когда пламя опаляет
возможно, ценность Сноу известна

Боль – Удовольствие

Я испытываю отвращение;
Победа за победой выпадали на мою долю.
Я очень огорчен
Ибо поражение ускользнуло от меня

Возможно, страдание
это лучше, чем болезненные удовольствия

Удачное поздравление

Пустыня, которая
дерзко мечтает о густых облаках
заслуживает поздравления с
венки из дождевых капель

Присущий

Личности определяют людей

Тот, кто обожает кинжал
не любит сострадания
Другой, который разводит кроликов
ненавидит жестокость

Непостижимо

Когда луна прячется за облаками
мы можем это знать
Но иногда не могу предположить
что скрывается за чьими-то словами

Правильное средство правовой защиты

В последнее время весь мир находится в
кажущийся мне черным
Люди, окружение - все
вокруг меня темно

Я много размышлял
и выбрал правильное средство:
Смойте эту муть
накопилось внутри меня

Несовместимость

Его сердце мягкое, как масло
но острый, как нож
Нож не может размягчиться
Оно также не может воплотиться в виде масла
Результат, увы, таков -
Он ежедневно борется сам с собой

Наслаждение

Эта песня - Ганг

Рага - это плот

Записки - это благо

И путешествие это радостное

Отклонение от нормы

Когда я вел жизнь нищего
Я хотел только поесть, ничего больше.
Теперь у меня достаточно еды
и вот, мое сердце жаждет велосипеда!

Священные рыдания

Всякий раз, когда я читал возвышенную поэзию,
я плакал
Всякий раз, когда я слушал замечательную
музыку, я плакал
Всякий раз, когда я сталкивался с
олицетворенным человечеством,
Я захныкал

После стольких воплей
каким освященным стало мое сердце!

Усилие – Эффект

Где зарыт пистолет

там прорастает дерево из пуль.

Посыпьте семенами любви

в поле твоего сердца, мой друг.

Привязанность растет в изобилии

Смягчающийся

Он бесновался, как разъяренный бык
на улицах города.
По возвращении домой
детей встретили тепло
Сразу же его каменное сердце
растаял, как лед!

Основной товар

Слова - это всего лишь внешняя
оболочка
 в поэзии
Верно, бороться мы должны за них.
Но нет ничего более жизненно важного,
чем
основной ингредиент

Никакая поэзия не может прорасти
в иссохшем сердце

Недовольство

Превращение языка в поток
Я нанизывал слова на нитки, плёл гирлянды из стихов
Они превратились в благоухающие линии
Но слова, плохо подобранные превратились в шипящие предложения
и вскочил, чтобы укусить меня

Попытка – Результат

Выделяются сладкие нотки
только когда бамбук ранен
Семена выделяют масло
только после того, как его избили

Суровый труд
требуется для достижения хороших
результатов

Защитное покрытие

Если вы сделаете ему комплимент
он просто улыбается
Если вы критикуете его
он просто улыбается
Если ты будешь ругать его
он просто улыбается
Если ты победишь его
он просто улыбается

Улыбка была крепким корсетом
это защищало его внутреннее "я"
из букетов и кирпичных блоков

Восприятие

Сладкие *раги* не могут исходить от
каннелюры из золота
Лепестки роз не могут пригодиться
для приготовления любого карри

Денежные ценности
исказят восприятие человека

Неравенство

Это мир неравенства
Здесь большая рыба заглатывает меньшую
сам поглощается еще более крупным
Точно так же высокий парень
его перехитрил тот, что повыше ростом
Каждый должен приложить усилия,
продвигайтесь на дюйм вперед поэтапно
и попробуй дотронуться до неба

Маскировка

Океан выглядит спокойным
хотя, возможно, это скрывающиеся
вулканы;
Некоторые люди выглядят невозмутимыми
однако внутри взрываются бомбы

Никакого датчика там нет
которые могут измерять
внутреннее опустошение

Проклятие – Благо

Если жизнь должна зависеть
что касается заработной платы, то это
трагедия
Укрепление любовью
скорее, чем по достатку
это настоящее процветание

Различие

Сердце ступает по тропинке
пока мозг путешествует по облакам

Один из них великолепен
Другой хорош

Жилища - их роль

Длительное пребывание в собственном доме
такое чувство, что идешь на ферму
Но, не в состоянии продолжать там
хочет добраться до дома

Поэзия для меня - это собственный дом
в то время как перевод - это фермерский дом

Но в последнее время
они поменялись ролями

Различие

Птица, летящая по скайвэю, невелика
ибо у него есть крылья
Воздушный змей, парящий в небесном
своде
это тоже не очень хорошо
потому что к нему прикреплена строка
Хлопушка, летящая в небо
это тоже не удивительно
так как внутри него есть порох
Самолет, летящий высоко над головой
это тоже не чудо
ибо он делает это с помощью энергии
топлива

Но воображение поэта
прикоснуться к небу - это действительно
здорово

Потому что без посторонней помощи это

в достижении подвига

Удача в Сорок подмигиваний

Пытаюсь заснуть на мягком матрасе
 в комнате с кондиционером мне это не удалось.

 Ревность - это то, с чем я остался
когда я увидел бедных людей
спят, как бревна, на твердой почве

Великий разрушитель

Нет ничего более разрушительного, чем язык

Одно предложение
может посеять хаос во многих сердцах
Достаточно одного высказывания
чтобы вызвать переворот

Различное различение

Когда я вижу Индию, которая вошла в Америку
Я очень доволен
Но, увидев Америку
которые проникли в Индию
Я чувствую меланхолию

Один из них - признак нашей сообразительности
в то время как другой
подвергает нашу культуру разрушению

Счастье Гармонии

Принижение существительного
прилагательное, которым хвастались:
"Твое содействие зависит только от меня"
Существительное ушло в подполье
не возвращался много лет
Прилагательное сидело угрюмо
и размышлял:
"Только с существительным у меня есть
 слава
Только с существительным у меня есть
целостность"

Сила Места

Восемь шифров стояли в ряд
слева от цифры один
Последний насмехался над нулями:
"Только во мне заключается твое существование.
Без меня твоя ценность ничтожна"
Обсуждаемые шифры
и переместился справа налево
Сейчас,
у цифры один ничего не осталось
за исключением того, что у него вытянулось лицо

Опыт – Следствие

Статья была отправлена в журнал
для оценки и публикации
Журнал этого не печатал
долгое время находился в бездействии
Осталась ли статья у ее создателя
это привлекло бы ежедневное внимание
Долго томился без заботы
это вернулось спустя много месяцев
Его создатель сокрушался
Посещал его каждый день
Статья начала сиять каким-то блеском
но отказался перейти в новый журнал

Преимущество Старости

Я, который не может пройти проверку пароля
мечтал о старых временах без паролей

В те давние времена
пасов было много, неудач - мало

Блеск – Принижение

Толстая книжная обложка
всегда говорит пренебрежительно
о внутренней странице
Но внутренняя страница может содержать
глубокий вопрос
Обложка книги блестит
это поверхностный блеск мишуры

Поверхностный блеск

Корона издевательски смеялась над туфлями
Но на самом деле от короны не так уж много пользы
Обувь - это очень полезно, не так ли?

Высокопреосвященство

Это правда
этот автобус движется быстрее пешехода
поезд, а не автобус, проще, чем поезд
и космический корабль, а не самолет.
Но это всего лишь пешеход
кто может двигаться без
срочная потребность в топливе

Сырость Приводит к Удивляться

Глубокая поэзия не может родиться
без мороси в сердце
Вздувшаяся грудь не может стать влажной
со словами, которые не являются
влажными

Facebook – Настоящий крючок

Однажды укушенный ошибкой Facebook,
ваш мозг начнет болеть.
Никакого отдыха не будет даже на один день,
спокойствие мозга всегда будет под угрозой.

Притворные меткие стрелки

Некоторые люди яростно рассказывают
гнев действительно очень плох!
Бедняги, они слепы
к их сожалению, это печально.

Оценки

Некоторые из них - неимущие, которые не могут
войдите (инвестируйте тысячи рупий) в бизнес.
Некоторые другие могут вложить тысячи долларов
но не могу вернуть даже сотни

Шумиха – Последствия

Я считал себя великим поэтом,
  заставил других сказать то же самое.
  Сорок лет спустя,
  мое имя кануло в лету;
  это от другого человека, который написал
  лучше, но оставался спокойным
  ярко сиял.

Слова – Значение

Я просеял целую чашу слов,
взял из них пригоршню
за то, что написал стихотворение.
Стихотворение получилось приятным
Я ничего не выбрасывал
оставшиеся слова.
Они хорошо вписались в стихотворение
это я написал на следующий день!

Ни одно слово не может быть отброшено
возможно, навсегда!

Поэзия – Поэт

Поэзия - это гирлянда
из очаровательных отражений
Поэт ведет войну
от неприятных мыслей
Он, таким образом,
олицетворяет красоту
на все случаи жизни

Преждевременное стихотворение

Поэтическая мысль должна постоянно развиваться
как плод в утробе пера.
Только когда полностью вырастет
это должно произойти при рождении.
Дети, родившиеся раньше срока
являются преждевременными и часто слабыми

Скупец

Больше всего мне нравится этот скупой поэт;
я тоже немного ревную.
Он получает больше преимуществ, тратя меньше
В то время как я трачу больше, а получаю меньше
Почему мы должны тратить больше?
Я имею в виду слова.

Круг

Наблюдая за двумя ночами
о свете и тьме,
мы должны нажать на кнопку
пестрая жизнь близко к сердцу.
Снег в Гималаях
накапливается зимой
и тает летом

Посягательство

Вторгаясь на стену,
несгибаемый политик
выгнали кошку.
Кошка застеснялась

Боль От Тяжести

Трудно описать эту боль
Из облаков, из которых не шел дождь.
Тем, у кого шел дождь, повезло;
Уменьшая тяжесть на других
Это не так просто, как мы думаем.

Стог сена

Я устал
С поисками иголки
В этом стоге сена.

Пугающие отталкивающие картины,
Короткие обрывки струн, напоминающие однострочники,
Сухие кокосы, лишенные воды внутри –
Все скопилось в этом стоге сена
Затрудняющий поиск

И все же мне не хочется останавливаться.
Слабая надежда на то, что игла
Может быть, кто-то задержится поблизости!

***

Эпоха кандалов

Невидимая рука, которая связывает
внутренний инстинкт с привязью
сильно тревожит разум.

Оковы выбора темы для поэтов,
оковы веры для энергичных мыслителей,
те, кто полон фанатизма по отношению к
зрелым мужчинам…

Я должен разорвать свои оковы

Когда же настанут хорошие времена?
Когда люди освободятся от оков?

***

Усталость

Я, путешествующий под палящим солнцем
о полудне за городом...

Там растут высокие пуншевые деревья,
но сколько оттенка они могут предложить?
Пока я задыхался, обливаясь потом,
маленькое манговое деревце ласково
приглашало меня.

В этом мире всегда найдется какой-нибудь
утешитель

Отдыхает в прохладной тени,
Я посмотрел на пуншевые деревья.

***

Внешнее очарование

С каменной стеной вокруг него,
колодец привлекает зевак.

Гладкий цементный пол, красивые растения
украсил его окрестности.
Его изящный шкив вызывает экстаз

Люди прибывают толпами
чтобы увидеть знаменитый колодец.

Но колодец давным-давно пересох!

**

Несоответствие

У разных людей есть
Разные критерии.
Ориентир даже для одного человека
может меняться со временем.
Разгадка тайны
определение критериев - это большая
проблема.

Новая истина

Ловлю мышь

копать холм - это не глупость

когда мышь поймала

является исключительным, хотя и

крошечным.

Дефект

Я использовал частично известные слова
В моем стихотворении.
Я не знаю до конца их природу.
Следовательно,
В стихотворении не было этого чувства

Беда

Различение - это змея,
благоразумие лягушки.
Лягушка разгневана
если змею попросят укусить.
Змей в ярости
если попросят сдаться!

***

Апатия – Последействие

Беспечность Дхритараштры
Перед плачущей Драупади
Это семя лесного пожара,
Который сжег бы кауравов.

Корни очарования

Гротескность не исчезает
если зеркало будет изгнано.
Красота не прорастает
в почве без семян красоты
даже если его поливать водой.

Внешний блеск

Сидя на голове,
диадема смотрелась на ножном браслете
и захихикал.
Оскорбленный, последний вышел
издающий чудесные музыкальные ноты.

Корона танцевала демонически,
лелеял обиду, нанесенную браслетом на
лодыжке.
Но ни музыки, ни красоты
существовал в своем великолепии.

***

Об авторе

Эланаага

Эланаага - это псевдоним. Настоящее имя автора - доктор Сурендра Нагараджу. Он педиатр, но сейчас полностью посвятил себя писательскому творчеству, переводу, критике и т.д. На данный момент он написал 33 книги. Пятнадцать из них являются оригинальными произведениями (в основном на языке телугу), а 18 - переводами. Из последних 8 переведены с английского на телугу и 10 наоборот. Помимо поэзии и переводов, он писал книги о языковых нормах, классической музыке и т.д. Он переводил латиноамериканские рассказы, африканские истории, рассказы Сомерсета Моэма, мировые истории и так далее.

www.ingramcontent.com/pod-product-compliance
Lightning Source LLC
LaVergne TN
LVHW041542070526
838199LV00046B/1789